Moorlandschaften

Das Moor atmet erdige Tiefe 5

Die Herbstfarben im Moor 8

Die Herbstnebel 26

Die blaue Kälte des Winters 36

Das warme Licht des Winters 44

Das blaue Moor 50

Frühling im Moor 58

Sommer im Moor 64

Mensch und Technik im Moor 74

Kleine Moorkunde 89

Karte der Verteilung der Moore 106

Rückgang der Moorflächen 108

WOLFGANG BARTELS

Moorlandschaften

STÜRTZ VERLAG WÜRZBURG

FÜR INGE UND DANIELA

Schutzumschlag vorne: Meerhusener Moor, Ewiges Meer
Schutzumschlag hinten: Rehburger Moor

Die Deutsche Bibliothek – CIP Einheitsaufnahme
Bartels, Wolfgang:
Moorlandschaften / Wolfgang Bartels. – Würzburg : Stürtz, 1992
ISBN 3-8003-0422-8
NE: HST

Alle Rechte vorbehalten
© 1992 Stürtz Verlag, Würzburg
Satz: Fotosatz Creatype, Leipzig
Druck: Interdruck GmbH
Buchbinderische Verarbeitung: Graphischer Großbetrieb Pößneck GmbH
Farbreproduktionen: Magenta Lithographie
Printed in Germany
ISBN 3-8003-0422-8

Das Moor atmet erdige Tiefe

»In einer Sturmnacht, wenn die Wolken gespenstisch um den Mond flattern, wenn die Hunde sich von fern einander zubellen, dann jagt auf schnaubenden Rossen hinein in die endlose Heide . . . ; in der Ferne blitzt das Wasser der Moore im Widerschein des Mondes, Irrlichter gaukeln darüber hin, unheimlich ertönt das Geheul des Sturmes über die weite Fläche, der Boden wird unsicher unter euch, und ihr fühlt, daß ihr in den Bereich der deutschen Volkssage gekommen seid«. So beschreibt der Theoretiker des historischen Materialismus Friedrich Engels (1820 – 1895) seine Eindrücke vom Moor. Ein halbes Jahrhundert später setzt sich Hermann Löns poetisch mit dem Moor auseinander. Immer wieder erliegen Schriftsteller und Poeten der Faszination der Moorlandschaften und werden zum Schreiben inspiriert.

Norddeutschland – insbesondere Niedersachsen – besitzt die größten Moorgebiete der Bundesrepublik Deutschland. Diese einzigartigen Moore oder das, was von ihnen übrigblieb, sind für große Teile Niedersachsens typisch und bestimmen noch weitgehend den Charakter der Landschaft. Wenn auch fast alle größeren Moore trockengelegt wurden, um landwirtschaftliche Nutzflächen zu gewinnen und den Bewohnern eine neue Lebensgrundlage zu verschaffen, so hat die ursprüngliche Landschaftsform ihre Eigenart nur selten völlig verloren. Jedoch können einzelne kleinere Schutzgebiete von wenigen Hektar heute kaum noch eine Vorstellung davon vermitteln, wie ein Hochmoor in seiner unendlichen, trostlosen Weite, aber auch in seiner Schönheit und Erhabenheit einmal ausgesehen hat.

Die letzten weitgehend intakten oder naturnahen Moore konnten in vielen Fällen gerade noch rechtzeitig durch Naturschützer und Behörden unter Naturschutz gestellt werden. Für den weitaus überwiegenden Teil der Moore jedoch kam jede Hilfe zu spät. Die Wiedervernässung und damit die Einleitung einer Renaturierung ist unerläßlich, um den durch den Rückgang der Moore bedrohten Pflanzen und Tieren das Überleben zu ermöglichen und diese Landschaftsform zu bewahren, oder auch um den Biologen, Historikern, Archäologen und anderen Wissenschaftlern ein unersetzliches Betätigungsfeld zu erhalten.

Mein Anliegen ist es, die Eigenarten und Schönheiten dieser Landschaftsformen im Bild festzuhalten und mit fotografischen Mitteln auszudrücken sowie die Sinne des Betrachters hierfür zu sensibilisieren.

Eine ganz besondere Stimmung hat das Moor, wenn der Herbst seine erdenen Farben über das Moor ergießt und die tiefhängenden, geheimnisvollen Nebel oder das frühe Licht eine Atmosphäre von unnachahmlichem Reiz erzeugen. Dann wirkt das Moor gespenstisch, dämonisch und zuweilen gar metaphysisch. Das Moor atmet erdige Tiefe, wird zu einer mystisch anmutenden, herben und skurrilen Landschaft, ist manchmal unheimlich und schaurig; doch der Torf – mit seinem rötlich-braunen Schimmer auch anheimelnde Atmosphäre vermittelnd - gibt dem Moor zusammen mit der kargen Pflanzenwelt seinen unverwechselbaren Charakter. Es herrscht dort eine gewisse Schlichtheit im Bewuchs; was die Linienführung seiner optischen Elemente anbelangt, wirkt es jedoch eher wirr, läßt häufig jegliche grafische Strenge vermissen. Dies war mir bei meiner fotografischen Arbeit oft hinderlich. Nur in wenigen Bildern habe ich bewußt diese Wildheit, diese Wirre ungebrochener Naturkraft eingefangen, in diesen Fällen eher, um zu dokumentieren. Die überwiegende Arbeitsweise jedoch hat eher strengen grafischen Aufbau zum Inhalt. Eine Umsetzung der Naturgegebenheiten oder ihrer Veränderung durch Menschenhand erfolgte in erster Linie durch abstrahierende Wiedergabe.

Vor dem eigentlichen Fotografieren habe ich mir Zeit genommen, habe mich entspannt und bin eingetaucht in die unverwechselbare Atmosphäre der Landschaft, habe ihre Farben in mich aufgesaugt, die Stimmung des Lichts verinnerlicht.

So, wie die Maler des Impressionismus durch ihren Pinselstrich, der an von Magneten ausgerichtete Eisenspäne erinnert, den Eindruck eines Sujets im Gemälde verstärkten oder überhöhten, wie die Pointillisten die gleiche Wirkung durch ein Stakkato an Tupfern erzielten, (nach Ingo F. Walther, Rainer Metzger, Vincent van Gogh – sämtliche Gemälde) versuche auch ich, ähnliche Reize mit fotografischen Mitteln zu erreichen. Dabei nutze ich das sehr frühe oder sehr späte Tageslicht, das der Moorlandschaft eine geheimnisvolle Stimmung verleiht. Auch Nebel hüllt das Moor in geheimnisvolle Stimmungen und taucht Motive in ein abstrahierendes Licht, löst Objekte vom störenden Umfeld und reduziert somit auf das Wesentliche.

»Der frühe Morgennebel erzeugt psychedelische Lichteffekte – in der Trance seiner Farben verwischen Tag und Nacht«. So wird diese unwirkliche Lichtstimmung in dem Buch »Von wilden Wassern und einsamen Mooren« von der Umweltstiftung WWF Deutschland beschrieben.

Bereits als ich das Meerhusener Moor am Ewigen Meer bei Aurich das erste Mal sah, wußte ich, daß ich wiederkommen würde. Diese Landschaft hatte mich sofort in ihren Bann geschlagen. Allerdings traf ich erst beim dritten Besuch auf die gewünschten fotografischen Lichtverhältnisse. Auch bei den anderen Mooren waren wiederholte, manchmal unzählige Besuche erforderlich, um die angestrebten Ergebnisse zu erzielen. Über vierzig Moore habe ich in vier Jahren aufgesucht. Viele Wolkenbrüche, Schneegestöber, Nebelschwaden und frostklirrende Tagesanbrüche mußte ich bei dieser Arbeit über mich ergehen lassen.

Ich war und bin vom Moor immer wieder fasziniert und hoffe, daß meine Bilder Ausdruck dieser Faszination sind.

Wolfgang Bartels

Die Herbstfarben im Moor

Meerhusener Moor · Ewiges Meer

Teufelsmoor

Teufelsmoor

Teufelsmoor

Meerhusener Moor · Ewiges Meer

Huvenhoops Moor

Teufelsmoor

Meerhusener Moor · Ewiges Meer

Meerhusener Moor · Ewiges Meer

Huvenhoops Moor

Huvenhoops Moor

Teufelsmoor

Gildehauser Venn

Huvenhoops Moor

Totes Moor · Steinhuder Meer

Diepholzer Moorniederung

Goldenstedter Moor

Die Herbstnebel

Teufelsmoor

Meerhusener Moor · Ewiges Meer

Totes Moor · Steinhuder Meer

Teufelsmoor

Dudenser Moor

Syen Venn

Alte Torfstraße · Teufelsmoor

Teufelsmoor

Teufelsmoor

Die blaue Kälte des Winters

Goldenstedter Moor

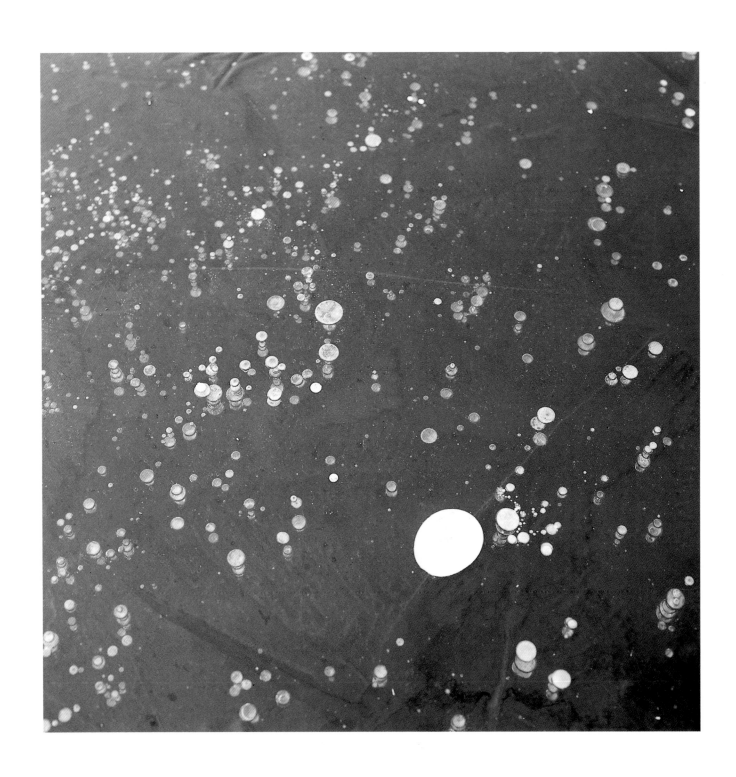

Gefrorene Luftblasen · Bissendorfer Moor

Meerbruchswiesen · Steinhuder Meer

Goldenstedter Moor

Goldenstedter Moor

Goldenstedter Moor

Goldenstedter Moor

Das warme Licht des Winters

Goldenstedter Moor

Goldenstedter Moor

Goldenstedter Moor

Lichtenmoor

Lichtenmoor

Das blaue Moor

Muswiller See · Bissendorfer Moor

Ewiges Meer · Ostfriesland

Syen Venn

Meerhusener Moor · Ewiges Meer

Meerhusener Moor · Ewiges Meer

Meerbruchswiesen · Steinhuder Meer

Meerhusener Moor · Ewiges Meer

Frühling im Moor

Rehburger Moor

Lichtenmoor

Meerhusener Moor · Ewiges Meer

Rehburger Moor

Rehburger Moor

Sommer im Moor

Rehburger Moor

Goldenstedter Moor

Goldenstedter Moor

Großes Moor · Neudorf-Plathendorf

Goldenstedter Moor

Meißendorfer Teiche

Meißendorfer Teiche

Totes Moor · Steinhuder Meer

Varlinger Moor

Mensch und Technik im Moor

Teufelsmoor

Totes Moor · Steinhuder Meer

· 76 ·

Totes Moor · Steinhuder Meer

Syen Venn

Bissendorfer Moor

Teufelsmoor

Moorbauerngarten im Großen Moor · Neudorf-Plathendorf

Hammewiesen · Teufelsmoor

Hammewiesen · Teufelsmoor

Emsland Moormuseum · Groß Hesepe

Emsland Moormuseum · Groß Hesepe

Goldenstedter Moor

Klein Fullener Moor · Emsland

Goldenstedter Moor

Kleine Moorkunde

Entstehung der Moore

Moore entstehen dort, wo mehr Niederschlag auftritt als abfließen, versickern oder verdunsten kann. Die Bedingungen zur Moorbildung waren deshalb im regenreichen Norden Niedersachsens besonders günstig. Diesem Umstand verdankt Norddeutschland seine Stellung als moorreichstes Gebiet der Bundesrepublik Deutschland. Der Regen – von uns Menschen oft als lästig empfunden – ist für das Moor lebensnotwendig.

Moortypen

Als ausgeprägte Erscheinungsformen unterscheiden wir Hochmoore und Niedermoore. Daneben gibt es Übergangsformen wie den Bruch und das sogenannte Übergangsmoor. Ihre Unterschiede werden am besten bei der Betrachtung ihrer Entstehungsweise deutlich.

Niedermoore

Die Entstehung von Niedermooren oder Flachmooren setzte in Norddeutschland etwa nach der Eiszeit, 8.000 bis 10.000 Jahre v. Chr., ein. Sie entstanden und entstehen vorwiegend aus verlandeten Seen oder in feuchte Senken. Niedermoore werden aus dem mineralstoffreichen Grundwasser oder aus Quellen und Bächen gespeist und sind daher mehr oder weniger nährstoffreich (eutroph).

Bei der Verlandung eines Sees füllt sich sein Becken allmählich durch das Absinken organischer Schwebstoffe. Vom Ufer aus dringen dann Pflanzen in das flache Wasser vor. Die Sinkteile sind durch das Wasser von der Luft abgeschlossen und können sich daher nicht vollständig zersetzen. Sie beginnen zu vertorfen. Sinken viel mehr Pflanzen herab als abgebaut werden können, so vollzieht sich diese Vertorfung relativ schnell, und die Niedermoorbildung ist in der Zeitspanne eines Menschenalters möglich. Im Zwischenstadium kann sich zunächst am Ufer des Gewässers eine Röhrichtzone bilden, eine wenig stabile Pflanzendecke aus ineinander verwobenen Sumpfgewächsen. Dieser Untergrund bildete schon immer eine große Gefahr für Mensch und Tier, wenn sie hier passieren wollten.

Niedermoore verfügen über eine artenreichere Vegetation als die Hochmoore. Typische Pflanzen der Niedermoore sind z. B. Binsen, Rohrkolben, Seggen, Schilf, Fieberklee und Sumpfblutauge. Niedermoore sind bis auf wenige Kleinst- und Restmoore fast vollständig verschwunden. Aus ihnen sind inzwischen überwiegend landwirtschaftliche Nutzflächen entstanden.

Übergangsmoore

Als Übergangsmoore bezeichnen wir Moorformen, die sich in der Übergangsphase vom Niedermoor zum Hochmoor befinden. Ihre klassische Entstehungszeit war 6.000 bis 5.500 v. Chr., nach dem Abschluß der Niedermoorbildung, jedoch vor dem Beginn der eigentlichen Hochmoorbildung, die dann um 5.500 v. Chr. einsetzte. Ihre typischen Merkmale sind aufgrund der Mischform für den Laien nicht leicht erkennbar. Der Begriff »Übergangsmoor« wird heute vor allem in Süddeutschland verwendet.

Hochmoore entstehen entweder über Niedermooren oder aber unmittelbar auf nährstoffarmen, staunassen Mineralböden. Sie erhalten ihre Nährstoffe fast ausschließlich aus Regenwasser und werden daher auch Regenwassermoore genannt. Sie haben keine Verbindung zum Grundwasser und sind deshalb nährstoffarm (oligotroph). Unter diesen Bedingungen gedeihen nur ganz wenige hochspezialisierte Pflanzen. Als typisch gilt das Torfmoos (Sphagnum), das seinen Konkurrenten an feuchten Standorten keine Chance läßt. Die Torfmoose spielen bei der Bildung des Moores und der Nutzung des notwendigen Wassers eine besondere Rolle. Da sie keine Wurzeln haben, besitzen sie die Fähigkeit, nach oben hin immer weiter zu wachsen, wobei sie nach unten absterben. Die abgestorbenen Teile wirken dabei wie ein Schwamm, der überschüssiges Wasser aufsaugt und speichert. Somit wächst das Moor immer weiter nach oben und wölbt sich schließlich uhrglasförmig von den Rändern her zur Mitte hin hoch – daher der Name Hochmoor. Im Zentrum sind die Wachstumsbedingungen günstiger als am Rand. In den Randbereichen setzt meistens eine gewisse Nährstoffanreicherung (Eutrophierung) durch umliegende Flächen mit anderem Bewuchs oder intensiver landwirtschaftlicher Nutzung ein. Die Pflanzenschicht hebt sich über das sie umgebende Wasserniveau hinaus. Je höher die Torfdecke wächst, desto ärmer an Pflanzenarten ist das Moor, da es die Pflanzen mehr und mehr vom mineralischen Grundwasser abschneidet. Typische Pflanzen des Hochmoores sind Torfmoose (Sphagnen), Sonnentau, Wollgräser, Moos- und Rauschbeere.

In Hunderten oder Tausenden von Jahren werden die abgestorbenen Torfmoose zusammen mit den übrigen Hochmoorpflanzen unter Luftabschluß zu Torf umgewandelt. Dieser Vertorfungsprozeß ist recht kompliziert. Dabei wird der Pflanzensubstanz Wasser, Methan und Kohlendioxyd entzogen; Huminstoffe, denen der Torf seine Farbe verdankt, werden neu gebildet. Gleichzeitig findet eine Übersäuerung des Moorkörpers statt (pH-Werte von 3 bis 4). Es entwickelt sich bei fortgesetzter Vertorfung eine wachsende

Isolierschicht zum Untergrund, wodurch eine Nährstoffanreicherung verhindert wird. Je nach dem Grad der Zersetzung unterscheiden wir bei den Hochmoortorfen zwischen Weiß- und Schwarztorf. Weniger zersetzter Torf wird als Weißtorf bezeichnet, stärker zersetzter als Schwarztorf. Torf stellt im übrigen eine Vorstufe der Braunkohle dar. Unter Luftabschluß, Druck und Erwärmung kann sich Braunkohle mit Kohlenstoff anreichern und sich dann in harte Steinkohle umwandeln.

Auen, Feuchtwiesen und Bruchwälder

Als Aue bezeichnet man die in den Flußniederungen entstandenen Landschaftsformen, die noch kein Moor darstellen, wo aber durch häufige Überschwemmungen von Flüssen das Heranwachsen einer speziellen Flora gefördert wurde. Derartige Entwicklungen bilden sich auch an mäandrierenden Flüssen. Die Auen sind als spezielles Feuchtgebiet ebenso Überlebensraum seltener Pflanzen und Tiere wie die Moore.

Dies gilt auch für die Feuchtwiesen, die aus der Nutzung der Randbereiche von Flüssen, Seen und Weihern entstanden sind. In Norddeutschland entstanden sie überwiegend aus der Kultivierung der Niedermoore.

Bruchwälder erkennt man ebenfalls am feuchten Untergrund. Dort wachsen vornehmlich Erlen und Weiden. Der Boden ist dann fest genug, bereits Bäume zu tragen. Ein solcher Bruch stellt häufig den Beginn oder den Abschluß einer Niedermoorbildung dar.

Verbreitung

Nach jüngsten Erhebungen der Torfforschung GmbH in Bad Zwischenahn von 1988 besitzt die Bundesrepublik Deutschland ohne die fünf neuen Bundesländer nach der geologischen Definition (mindestens 30 cm Torfschicht) insgesamt 8.700 km² Moorfläche. Davon entfallen 3.550 km² auf Hochmoore und 5.150 km² auf Niedermoore. Rund 70 % der Hochmoorflächen sind in Niedersachsen und Bremen zu finden. Die übrigen Moorflächen verteilen sich überwiegend auf Bayern und Schleswig-Holstein. Auch Mecklenburg-Vorpommern weist nennenswerte Moorflächen auf.

Im internationalen Vergleich zu den vorgenannten Zahlen verfügt z. B. Finnland noch über ca. 90.000 km² unversehrtes Moor und die Sowjetunion in ihren alten Grenzen über rund 700.000 km². Weiterhin sind größere Moorgebiete in den Tundren Nordamerikas, in Skandinavien, Großbritannien und Irland zu finden. Die Verbreitung unserer typischen Regenwasserhochmoore ist allerdings auf Deutschland und Skandinavien begrenzt.

Gefährdung

So ziemlich alles, was im Hochmoor wächst und lebt, ist auf dieses Feuchtgebiet angewiesen. Wird das Moor zerstört, entzieht man den dort lebenden Pflanzen und Tieren ihre natürliche Lebensgrundlage. Torfabbau und intensive Bewirtschaftung durch die Landwirtschaft müssen zwangsläufig den natürlichen Wasserhaushalt stören. Wie bereits erwähnt, besitzen Hochmoore keinen Anschluß an das Grundwasser und sind deshalb gänzlich abhängig von Niederschlägen, die ihnen die wenigen nötigen Nährstoffe liefern. Schafft man Gräben, um das Torfstechen zu ermöglichen oder angrenzende landwirtschaftliche Nutzflächen trockenzulegen, entwässert man gleichzeitig den Moorkörper. Hochmoorfremde Pflanzen können sich bei nur noch geringer Nässe ansiedeln. Eine

Nährstoffanreicherung (Eutrophierung) setzt ein. Ein solcher Nährstoffeintrag erfolgt heute auch über Stäube aus der Luft und durch angereicherten Regen. All dies hat eine Veränderung der gesamten Hochmoorvegetation zur Folge. Das Hochmoor stirbt.

Da Moore und Sümpfe durch ihren Wasserreichtum nur sehr schwer zugänglich waren, galten sie jahrhundertelang als menschenfeindliche Gebiete. In der Vergangenheit galt es als besondere Herausforderung für den Menschen, sie zu bezwingen und ihnen Kulturland abzugewinnen. Im waldarmen Norden hatte man außerdem früh den Wert des Schwarztorfes als billiges Brennmaterial erkannt. Hierdurch sind große Teile der ursprünglichen Moorgebiete zerstört worden.

Bedeutung

(Über-) Lebensraum für gefährdete Pflanzen und Tiere

Das Moor hat heute eine vielfältige Bedeutung. Wie eingangs schon erwähnt, besteht seine Hauptaufgabe darin, bedrohten Pflanzen und Tieren (Über-) Lebensraum zu bieten. Insbesondere im Hochmoor müssen die typischen Bedingungen für dieses Feuchtgebiet unverändert bleiben, um den Fortbestand dieses sensiblen Ökosystems zu sichern.

Bedeutung für die Wissenschaft

Aufgrund der besonderen Eigenschaften dieses hochspezialisierten Lebensraumes besitzt insbesondere das Hochmoor hohe wissenschaftliche Bedeutung und ist praktisch unersetzlich. Für Paläobotaniker z. B. bietet das Moor ein Erkenntnisfeld weitreichender Bedeutung. Im Torf eingeschlossene Pollen und abgestorbene Pflanzenteile lassen im

Rahmen der sogenannten Pollenanalyse Rückschlüsse auf die Vegetation vergangener Jahrtausende zu. Auch Klimaforscher finden hier reichhaltige Anhaltspunkte bei der Erforschung des Erdklimas früherer Zeiten.

Bioindikator für Umweltverschmutzung

In letzter Zeit gewinnt das Hochmoor zunehmend als Bioindikator an Bedeutung. Bei steigender Umweltbelastung werden sowohl über die Luft als auch über den Regen Einträge von Schwermetallen, chemischen Verbindungen und anderen Elementen, wie Stickstoff, Schwefel und Kationen, abgelagert. Ihre Mengenzunahme wird quantifiziert, und ihre Veränderung dient uns als Bioindikator zunehmender Umweltverschmutzung.

Archäologische und kulturhistorische Bedeutung

Hochmoore gehören zu den letzten Relikten der Nacheiszeit (Atlantikum) und sind für Archäologen und Historiker von ungeheurem Wert. Das saure, sauerstoffarme Moorwasser konserviert organische und bestimmte anorganische Stoffe über Jahrtausende. Moorleichen sind dabei nur die spektakulärsten Funde. Bei ihnen wurden Haut, Knochen und Haare fast unverändert erhalten. Mineralische Böden hingegen hätten den Körpern ihre Substanzen entzogen und nach ihrem Zerfall lediglich den sogenannten Leichenschatten zurückgelassen. Im Moor jedoch wird selbst Kleidung unter diesen Bedingungen konserviert. Das Moor als Archivar mit der konservierenden Huminsäure überlieferte uns Funde aus der Bronzezeit, wie Schmuck und Waffen. Man fand in der Norddeutschen Tiefebene Reste kilometerlanger Bohlendämme, die, mit hoher handwerklicher Fertigkeit angelegt, die Durchquerung der Moore zu Fuß und mit Fuhrwerken erst ermöglichten. Insbesondere um diese teilweise noch gut erhaltenen Bohlendämme herum fanden die Moorarchäologen reichhaltige Zeugnisse vergangener Jahrhunderte.

Im Ipweger Moor bei Oldenburg wurde ich 1989 Zeuge der Freilegung eines Bohlendammes, der 712 v. Chr. verlegt wurde. Ein Jahr vorher, 713 v. Chr., wurden die dafür verwendeten Stieleichen gefällt. Die bislang von den Archäologen zur Altersbestimmung organischer Stoffe eingesetzte Radiokohlenstoffdatierung ergab lediglich grobe Zeitangaben und ist nicht für alle Zeitabschnitte anwendbar. Mit Hilfe der etwa 1984 durch die Zusammenarbeit mehrerer Institute wesentlich verfeinerten vergleichenden Untersuchung von Jahresringen in Bäumen (Dendrochronologie) konnte dann eine Genauigkeit auf das Jahr erzielt werden. Diese Methode war zwar bereits seit längerem bekannt, konnte aber wegen vorhandener Lücken die heutige Präzision in der Datierung nicht leisten.

In anderen Mooren wurden ähnliche Bohlendämme entdeckt. Ihre Lage läßt die Vermutung zu, daß seinerzeit ein durchgehender Verkehrsweg von der Wesermarsch bis ins Emsland bestand. Moore verhinderten damals den direkten Zugang zu bestimmten Zielen, die auf kürzestem Wege angesteuert werden sollten.

Die Moorarchäologen weisen allein für Norddeutschland mehr als 250 Bohlenwege nach. An ihren Rändern gefundene hölzerne Figuren dienten möglicherweise kultischen Zwecken.

Etwa 55 – 120 n. Chr. berichtete der römische Geschichtsschreiber Cornelius Tacitus in seinen berühmt gewordenen »Annalen« von der Existenz der »pontes longi«, jener Bohlendämme und Sumpfbrücken, über die sich der römische Feldherr Caecina vor seinen Verfolgern Arminius mit seinen germanischen Heerscharen zum Rhein hin absetzen konnte. Im 5. Kapitel seiner »Germania« notierte Tacitus: »Das Land ist schaurig durch seine Urwälder und häßlich durch seine Moore.« An den Sumpfrändern entdeckte er Menschen mit »wild blickenden Augen, rötlichem Haar und großen Körpern«. Gewisse Anhaltspunkte sprechen dafür, daß das Moor im Jahre 9 n. Chr. auch dem römischen Feldherrn Quinctilius Varus zum Verhängnis wurde. Damals bedeckte das Moor noch etwa ein Fünftel der gesamten Fläche des heutigen Niedersachsens. Zwischen Teutoburger Wald und Großem Moor entschied sich das Schicksal von drei römischen Legionen (mehr als 20.000 Soldaten), die von Armin, dem Cheruskerfürsten, durch eine List vom befestigten Weg weggelockt wurden. Im sumpfigen Gelände sanken die schwerbewaffneten und gepanzerten römischen Legionäre ein und wurden von den Germanen, die sich wohl mit Hilfe von geeigneterem Schuhwerk »leichtfüßiger« im Sumpf bewegen konnten, vernichtend geschlagen.

In der zweiten Hälfte des 18. Jahrhunderts, als in Zentraleuropa der aufgeklärte Absolutismus herrschte und die staatliche Wirtschaftspolitik vom Merkantilismus geprägt wurde, setzte überall in der Norddeutschen Tiefebene die Moorkolonisation in großem Umfang ein. Der merkantilistische Gedanke diente dem Streben nach Macht und Stärke des Staates, was auch durch wirtschaftliche Autarkie erreicht werden sollte. Also begann man, bislang ungenutzte Gebiete, wie Heide-, Sumpf- und Moorflächen, zu erschließen und für eine Besiedlung und landwirtschaftliche Nutzung herzurichten. Hierdurch wollte der Staat auch verhindern, daß junge Menschen auswanderten, die in ihrer Heimat keine Entwicklungsmöglichkeiten sahen. Eine sogenannte Innere Kolonisation wurde eingeleitet.

Allein im Regierungsbezirk Stade befanden sich 180.000 Hektar Moorfläche – überwiegend Hochmoore. In den Flußniederungen von Hamme, Oste und Wümme lagen die größten Flächen. Aus diesem Grunde wurde das Teufelsmoor bei Bremen nicht nur Hauptgebiet der Moorkolonisation, sondern zugleich auch Modell für die anderen Moorgebiete.

Es war seit alters her üblich, daß einzelne Moorbauern oder auch ganze Dörfer auf den umliegenden Geestrücken siedelten und dabei auch Randgebiete der Moore in ihren Besitz nahmen. Im 18. Jahrhundert verließen viele Bauern ihre Dörfer und siedelten im Moor. Der Staat wollte nun dieser unkontrollierten Inbesitznahme von Moorflächen ein Ende bereiten und begann eine groß angelegte, staatlich organisierte Moorkolonisation. 1751 wurden im Teufelsmoor die ersten Moordörfer gegründet, im Emsland dann ab 1767.

Die anfänglich immer wiederkehrenden Zwistigkeiten zwischen alteingesessenen Bauern und den Kolonisten konnten – was das Teufelsmoor anbelangt – zunehmend vom Geheimen Rat von Bremen und seinem Moorvogt und späteren königlich-hannoverschen Moorkommissar Jürgen Christian Findorff beigelegt werden.

Harte Entbehrungen und schwerste körperliche Arbeit mußten die Neusiedler auf sich nehmen. Doch sie fügten sich in ihr Schicksal, um unabhängig auf eigener Scholle leben zu können. Große Armut herrschte damals in dieser Region. Findorff erleichterte den Kolonisten ihr karges Leben durch staatliche finanzielle Hilfen.

Nach dem harten Schinden des Torfstechens mußte der Torf auch verkauft werden. Mit flachen, dunklen Torfkähnen treidelten oder segelten die Moorbauern ihren Torf bis nach Bremen, um ihn dort zu verkaufen.

Die bis zu seinem Tod 1791 von Findorff gegründeten 46 Moordörfer trugen dazu bei, daß das Teufelsmoor heute bis auf wenige Restflächen kultiviert ist.

Ende des 18. Jahrhunderts fühlten sich die ersten Maler zu Worpswede und dem Teufelsmoor hingezogen. Der herbe Reiz der Landschaft, das intensive Licht, die grandiosen Wolkenbildungen und das schlichte Leben der Bewohner faszinierten sie derart, daß sie sich hier niederließen und malten. Es kamen immer mehr Maler, und Worpswede entwikkelte sich um die Jahrhundertwende zu einer echten Künstlerkolonie.

Bemühungen zur Kultivierung des Emslandes gab es bereits seit mehreren Jahrhunderten. Im 17. und 18. Jahrhundert begann man, die holländische Fehnkultur zu übernehmen. Grundlage war das Urbarmachungsedikt Friedrich des Großen von 1765, das eine systematische Moorerschließung zum Ziel hatte. Alle bis dahin noch nicht durch bäuerlichen Torfstich in deren Besitz genommenen Hochmoorflächen wurden zum Staatseigentum.

Nach Beendigung des Siebenjährigen Krieges wurden Söldner der Preußischen Westarmee im Emsland zu Moorsoldaten mit dem Spaten. Neben Brenntorfgewinnung begann man eine Verfehnung teilabgetorfter Moore – eine Vermischung der obersten Schicht von zurückgesetztem Weißtorf (Bunkerde) mit Sand aus dem Untergrund. Hierdurch wurde

Kulturland gewonnen. Der Erfolg fiel jedoch relativ gering aus. Aus dieser, für die Moorbauern schicksalshaften Zeit, stammt das Sprichwort: »Dem Ersten der Tod, dem Zweiten die Not, dem Dritten das Brot.«

Mit der ebenfalls aus den Niederlanden stammenden Buchweizenbrandkultur konnte kurzfristig die Ertragssituation verbessert werden. Das Abbrennen der Hochmoorvegetation reicherte den Torf mit Mineralstoffen an und ermöglichte so den Anbau des genügsamen Buchweizens. Dieser Raubbau führte jedoch in eine den Boden auslaugende Monokultur. 1923 wurde die Moorbrandkultur in Preußen verboten, auch wegen zunehmender Beschwerden über die unerträgliche Rauchentwicklung.

In der nationalsozialistischen Zeit wurde die Moorkultivierung weiter forciert. Es entstanden die berüchtigten Arbeitslager für politische Gefangene, die zur Zwangsarbeit im Moor verurteilt wurden. 1933 sangen die Häftlinge des Konzentrationslagers Börgermoor im Emsland das später berühmt gewordene Lied »Wir sind die Moorsoldaten/und ziehen mit dem Spaten/ins Moor...«. Auf dem Reichsparteitag der NSDAP im Jahr 1934 erklärte diese pathetisch: »Die Eroberung des Emslandes als eine neue Provinz für unser Volk ist Ehrensache des Arbeitsdienstes.« Diese Aktion war jedoch nur von begrenztem Erfolg gekrönt.

Rohstofflieferant

Neben den bereits beschriebenen Funktionen nimmt das Moor auch die des Rohstofflieferanten ein. Der aus dem Moor gewonnene Torf findet vielfältige Verwendung. Von alters her war Schwarztorf Brennmaterial in privaten Haushalten gewesen. Vor dem Zweiten Weltkrieg wurde das Torfkraftwerk Wiesmoor in Ostfriesland in Betrieb genommen und in den zwanziger Jahren das Torfkraftwerk Rühle im Emsland. Bis zu deren Stillegung 1968 (Wiesmoor) und 1974 (Rühle) wurden hier gewaltige Mengen an Torf verbrannt. Den Weißtorf verwendete man damals lediglich als Einstreu in Viehställen.

Der nach den beiden Weltkriegen einsetzende Brennstoffmangel hatte zu einer erhöhten Nachfrage nach Brenntorf geführt, die aber dann im Zuge einer Normalisierung der Versorgung mit anderen Brennstoffen wieder zurückging.

Als dann Heizöl und Erdgas in Verbindung mit automatischen Brenner-Heizungen die Feststofföfen aus den Haushalten verdrängten, verlor der Brenntorf ganz an Bedeutung. Heute wird er nur noch von wenigen »Romantikern« im heimischen Kamin verfeuert.

Im privaten und vorwiegend im gewerblichen Gartenbau wird Torf als Kultursubstrat eingesetzt, nachdem er mit Mineralstoffen versetzt wurde. Darüber hinaus wirkt er auch als »Bodendurchlüfter«. Bekannt ist auch sein Einsatz als Moorbad im medizinischen Bereich. Torf wird verwendet beim Räuchern von Gerste in der Whiskyherstellung (z. B. in Schottland und in Irland) und verleiht dem Whisky seinen unverwechselbar rauchigen Geschmack.

Im Bereich des technischen Umweltschutzes wird Schwarztorf zur Herstellung von Aktivkohlefiltern herangezogen. Auch die Metallurgie hat Verwendung für Torfprodukte. Sie benötigt Torfkoks zum Reinigen von Metallschmelzen. Ein Ende der achtziger Jahre entwickeltes Torfgranulat bindet Schwermetalle aus verseuchten Abwässern und wird darüber hinaus zur Luftreinigung und Trinkwasseraufbereitung eingesetzt.

Erhaltung

Auch wenn staatliche Institutionen heute davon sprechen, daß man um die Regenerierung abgetorfter Moore bemüht sei, ist damit ein Gelingen noch nicht gewährleistet. Was in Jahrtausenden gewachsen ist und über Jahrzehnte zerstört wurde, kann nicht in wenigen Jahren wieder zum Leben erweckt werden. Um ein Gefühl für die zeitlichen Dimensionen bei der Entstehung eines Hochmoores zu vermitteln, sei erwähnt, daß die Torfschicht lediglich um etwa einen Millimeter pro Jahr wächst. Es sei an dieser Stelle noch einmal ins

Gedächtnis gerufen, daß die Entwicklung der Hochmoore im Atlantikum etwa 5500 v. Chr. einsetzte. Hieraus wir die ganze Tragweite unseres Raubbaus an der Natur deutlich!

Bislang hat man bei der Renaturierung der Hochmoore noch keine allzu großen Erfolge erzielt. Eine bereits herbeigeführte Nährstoffanreicherung ist nach heutigem Kenntnisstand nicht wieder zurückzunehmen oder aber nur mit unvertretbar hohem Aufwand durchzuführen. Deshalb sollte die besondere Aufmerksamkeit den noch bestehenden natürlichen oder naturnahen Hochmooren gelten.

1985 gab es nur noch etwa 10 % der zur Jahrhundertwende in Niedersachsen vorhandenen Hochmoorflächen. Unter ihnen sind noch naturnahe Hochmoore vertreten, jedoch kein einziges ungestörtes größeres Hochmoor mehr! Von den heute in Niedersachsen noch vorhandenen Hochmoorflächen (ca. 2.350 km^2) sind nur etwa 5 % (ca. 120 km^2) als natürlich oder naturnah zu bezeichnen. Niedermoore sind fast vollständig verschwunden und werden heute überwiegend landwirtschaftlich genutzt.

Dieser gewaltige Rückgang an Moorflächen ist zurückzuführen auf menschliche Eingriffe wie Entwässerung, Brandkultur, Kultivierung und Abtorfung.

Um eine weitere Vernichtung von Moorflächen zu verhindern, hat die niedersächsische Landesregierung 1981 und 1986 ein Moorschutzprogramm verabschiedet. Vorausgegangen war dem eine Bestandsaufnahme aller niedersächsischen Hochmoore. In ihrer Bedeutung für den Naturschutz sehr unterschiedliche Hochmoore wurden von einem Gremium aus Geologen, Biologen und Landschaftspflegern kartiert und bewertet. Dabei wurden als schutzwürdig eingestuft:
– 53.800 Hektar für den Naturschutz wertvolle Hochmoore
– mindestens 30.000 Hektar wiederherzustellende Hochmoorflächen (nach Torfabbau)
– über 150 Kleinsthochmoore
Die allgemeinen Ziele des Moorschutzprogramms wurden wie folgt formuliert:
– Die Erhaltung der noch vorhandenen natürlichen und naturnahen Hochmoorflächen ist vorrangig.

– In der nächsten Prioritätsstufe folgt die Renaturierung degenerierter Hochmoore, insbesondere durch Wiedervernässung. Endziel ist dabei die vollständige Regeneration. Die niedersächische Fachbehörde für Naturschutz berichtet über Erfolge, die des öfteren auf diesem Gebiet erzielt werden können.

– Als Ersatzlebensräume müssen auch teilabgetorfte Moore wiederhergestellt werden; dazu zählen auch die teilweise durch bäuerlichen Torfstich veränderten Moorflächen.

– Randbereiche neben naturnahen Hochmooren oder Flächen, die zu solchen entwickelt werden, sollten als nur extensiv genutzte feuchte Schutzzonen (Grünland) erhalten bleiben oder wiederhergestellt werden. Dabei müssen bestimmte Mindestgrößen in Abhängigkeit von ihrer Beschaffenheit eingehalten werden.

Im Moorschutzprogramm ist auch die Folgenutzung abgetorfter Flächen festgelegt. Erteilte Genehmigungen zur Abtorfung sind mit Auflagen verbunden, die in der Regel eine Verpflichtung zur Renaturierung durch Wiedervernässung, oft bis hin zur vollständigen Regeneration bedeuten. Mindestens 50 cm natürlich gewachsener Torf müssen als Stauschicht für das Niederschlagswasser stehenbleiben. Die oberste Schicht des Moores, die sogenannte Bunkerde, ist mit Pflanzensporen und Samen versehen und für eine Renaturierung unverzichtbar, insbesondere zur Förderung des Sphagnum-Wachstums. Ihre Erhaltung ist daher Voraussetzung einer Regeneration. Neuere Torfabbaumethoden, wie das Fräsverfahren, sind hierzu bislang nicht in der Lage. Einige Versuche in dieser Richtung verliefen unbefriedigend.

Wie erfolgt nun eine Renaturierung eines gestörten Hochmoores? Folgende Hauptmaßnahmen sind zu treffen:

- Wiedervernässung
- Entkusselung
- Planierung abgetorfter Flächen

Zunächst muß eine weitere Entwässerung unterbleiben. Gräben sind wieder zu verfüllen, und die bei der Aushebung der Gräben häufig durchstoßene Stauschicht muß sorgfäl-

tig wieder abgedichtet werden. Ferner sollte keine Entwässerung angrenzender Kulturflächen erfolgen (siehe Erläuterung zu feuchten Schutzzonen auf S. 102). Für den Verzicht
auf intensive Bodennutzung in diesen Schutzzonen erhalten die Landwirte Ausgleichs-
zahlungen vom Staat. Begrenzte Mittel stellen hierbei ein nicht unerhebliches Problem
dar, da diese bisher nur für bestehende Naturschutzgebiete vorhanden sind.

Da sich nach einer Teilentwässerung inzwischen verschiedene Baumarten – vornehmlich Birken und Kiefern – im Hochmoor angesiedelt haben und diese nicht unerhebliche
Mengen an Wasser aus dem Moor ziehen und verdunsten und damit den typischen Moor-
pflanzen und -tieren ihren Lebensraum nehmen, müssen sie wieder entfernt werden (Entkusselung). Im Randbereich darf ein schmaler Gehölzstreifen stehenbleiben, der eine
Nährstoffanreicherung durch Verwehung von Dünger und Samen moorfremder Pflanzen
aus benachbarten Kulturflächen verhindern soll (Immissionsschutzzone).

Abgetorfte Moore müssen planiert werden, um ebene Flächen für die Wiedervernässung
mit stehendem Wasser zu bekommen.

Diejenige Literatur über die Moore, die sich an den Zielen der Torfindustrie orientiert,
weist häufig darauf hin, daß die Moore nicht zum Zweck der Torfgewinnung urbar
gemacht wurden, sondern ein Zwang zur Gewinnung von Siedlungsland vor dem Hinter-
grund einer wachsenden Bevölkerungszahl und nur extensiv genutzter landwirtschaftlicher Flächen entstanden war.

Die wirtschaftliche Not der Bevölkerung in den strukturschwachen Gebieten Nordwest-
deutschlands in den vergangenen Jahrhunderten bis über die Jahrhundertwende ins 20.
Jahrhundert hinein war sicherlich in hohem Maße für diese »Moorpolitik« verantwortlich.
Neben der Schaffung landwirtschaftlicher Flächen war auch der Einzug der Industrialisie-
rung in die Torfgewinnung an der Moorzerstörung beteiligt. Riesige Torfgewinnungsma-
schinen durchpflügten von nun an die Moore. Bei der manuellen Torfgewinnung, z. B.
beim sogenannten »ostfriesischen Stich«, bei dem vier Mann zusammenarbeiten, brachte
man es auf 1.000 Soden entsprechend vier Kubikmetern in der Stunde. Ein Mann stach

also einen ganzen Kubikmeter pro Stunde. Die um 1980 von den großen Torfunternehmen eingesetzten modernen Stechmaschinen und Bagger schafften zwölf Tonnen in der Stunde, das entspricht etwa 100 Kubikmetern. Nun bedeutet dies natürlich nicht, daß ich einer Rückkehr zur manuellen Plackerei und Schinderei mit dem Torfspaten das Wort reden möchte. Selbstverständlich sollte ein gesundes Nebeneinander von geschützten Moorflächen und Torfabbauflächen möglich sein. Sehr fraglich scheint mir jedoch die Gewichtung durch die Verantwortlichen früherer Jahrzehnte zu sein. Der Anteil geschützter Moorflächen an den gesamten Moorflächen einschließlich derer vom Kulturland und Torfabbau ist heute verschwindend gering. So sind etwa 67 % der Hochmoorflächen in Niedersachsen land- und forstwirtschaftlich genutzt, rund 13 % dienen zum Torfabbau, und lediglich der verbleibende Rest von 20 % ist nicht kultivierte oder nicht abgetorfte Hochmoorfläche. Offensichtlich hat der Naturschutzgedanke zu spät Einkehr in die Köpfe der Verantwortlichen gehalten.

Ein Teil der landwirtschaftlich genutzten Hochmoorflächen sollte wieder in einen weniger intensiv genutzten Zustand gebracht werden. Eine Ausweitung landwirtschaftlicher Nutzflächen zu Lasten von Hochmooren muß auf jeden Fall unterbleiben. Hierdurch würde einer sinnlosen landwirtschaftlichen Überproduktion im übrigen weiterer Vorschub geleistet. Erweiterungen des Straßennetzes auf Hochmoorflächen müssen ebenso verhindert werden. Bereits in vielen Bereichen kann der Rohstoff Torf ersetzt oder mit anderen Materialien gestreckt werden. Während der gewerbliche Gartenbau als heutiger Hauptverbraucher von Torf insbesondere bei der Aufzucht von Jungpflanzen auf torfhaltige Kultursubstrate noch nicht verzichten kann, ist Torf im Hobby-Gartenbereich und im gewerblichen Freiflächen-Gartenbau bereits entbehrlich geworden. Hier gibt es inzwischen eine Reihe von Alternativen, wie Grünkompost, Rindenmulch (zerkleinerte Baumrinde) und aufbereitete Holzspäne.

Machen wir uns bewußt: Es geht um die Erhaltung einer der letzten Naturlandschaften Deutschlands – des Hochmoores!

Fototechnik

Kamera: Alle Aufnahmen wurden mit der 6 x 6-Mittelformatkamera Hasselblad 500 CM gemacht (fast ausschließlich mit Stativ).

Objektive: C 4/150 mm T*Sonnar
C 2,8/80 mm T*Planar
C 3,5/60 mm T*Distagon
C 4/40 mm T*Distagon

Filmmaterial: Kodak Ektachrome 64 (ER)
Kodak Ektachrome 64 Prof. (EPR)
Kodak Ektachrome 100 Plus Prof. (EPP)
Kodak Ektachrome 200 Prof. (EPD)
Kodak Vericolor III (VPS)

Sämtliche vom Stativ fotografierten Aufnahmen erfolgten mit Spiegelvorauslösung, um Vibrationen durch den zurückschwingenden, relativ großen Spiegel – insbesondere bei längeren Belichtungszeiten und längeren Brennweiten – zu vermeiden. Die durch diese Maßnahme gewonnene »Zusatzschärfe« kann sich bei stärkeren Vergrößerungen durchaus vorteilhaft auswirken.

Als Filter wurden lediglich Polarisationsfilter zur Erhöhung der Farbsättigung und Verlaufsfilter zum Kontrastausgleich eingesetzt.

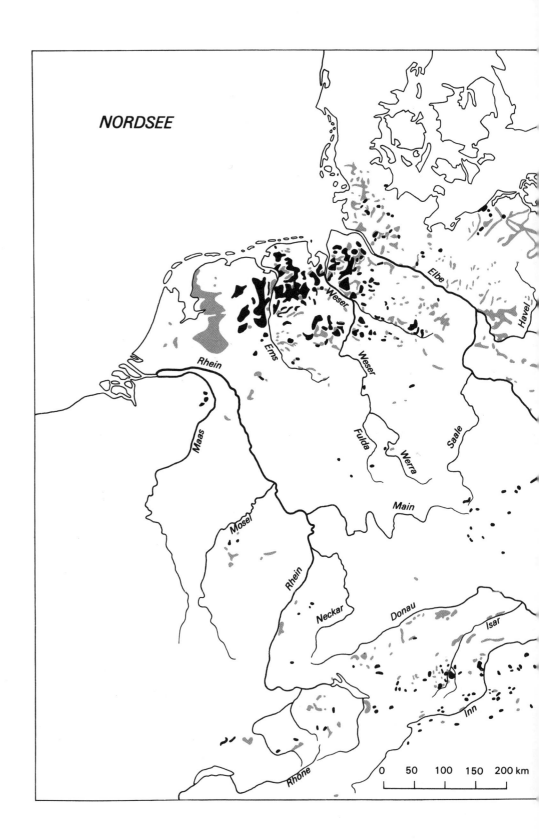

NORDSEE

Rhein

Maas

Mosel

Rhein

Neckar

Ems

Weser

Weser

Fulda

Werra

Main

Saale

Elbe

Havel

Donau

Isar

Inn

Rhône

0   50   100   150   200 km

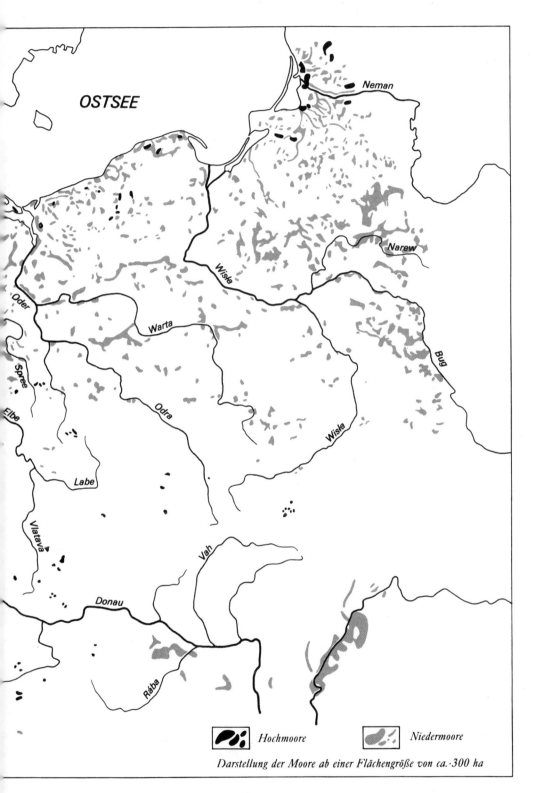

Karte mit der Verteilung
der Moore
in Mitteleuropa

OSTSEE

Neman

Narew

Wisła

Oder

Warta

Bug

Spree

Odra

Wisła

Elbe

Labe

Vltava

Vah

Donau

Rába

| Hochmoore | Niedermoore |

Darstellung der Moore ab einer Flächengröße von ca. 300 ha

Rückgang der Moorflächen

Verbreitung unkultivierter Moore (überwiegend Regenmoore) in Niedersachsen (aus Overbeck 1975)

Am Ende des
18. Jahrhunderts

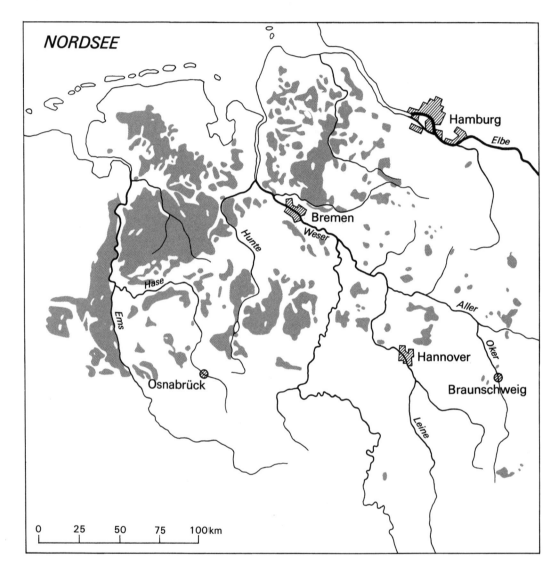

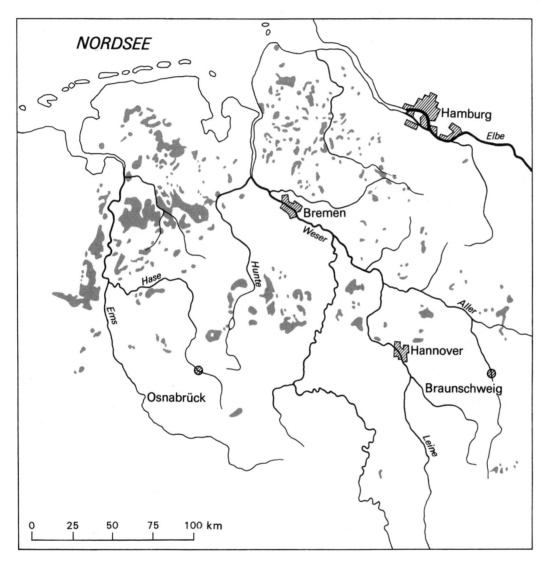

NORDSEE

Hamburg

Elbe

Bremen

Weser

Hase

Hunte

Ems

Aller

Hannover

Osnabrück

Braunschweig

Leine

0   25   50   75   100 km

Mitte des
20. Jahrhunderts

Quellen

1. Hrsg. Emsländischer Heimatbund/W. Franke, G. Hugenberg, H.H. Bechtluft, K. Wiborg, E. Kramm: Moor im Emsland, Sögel 1979/1984

2. Umweltstiftung WWF Deutschland (Hans Hohmann, Angelika Lang, Dr. Horst Leisering, Detlef Schilling, Detlef Singer): Von wilden Wassern und einsamen Mooren, München 1987 (Pro Terra Verlag)

3. Niedersächsisches Landesverwaltungsamt, Fachbehörde für Naturschutz: Heft »Hochmoore in Niedersachsen« (1985) und »Niedersachsens Moore sind bedroht« (1985)

4. Niedersächsische Akademie der Geowissenschaften, Heft 5: Moor und Torf in Niedersachsen, Hannover 1990 (Hans Carl Deilmann, Georg Eichhorn, Hartmut Falkenberg, Jürgen Günther, Hajo Hayen, Herbert Kuntze, Eckard Pollak, Eckhard Schmatzler, Peter Steffens und Jes Tüxen)

5. Fritz Mackensen, Otto Modersohn, Hans am Ende, Fritz Overbeck, Heinrich Vogeler, Paula Modersohn-Becker, Karl-Veit Riedel: Worpswede, Fischerhude 1988 (Verlag Atelier im Bauernhaus)

6. Klaus Dede, Wolf-Dietmar Stock, Fritz Westphal: Worpswede, Fischerhude 1982 (Atelier im Bauernhaus)

7. F. Overbeck: Botanisch-Geologische Moorkunde, Neumünster 1975 (K.- Wachholz-Verlag)

8. Niedersächsisches Landesverwaltungsamt – Fachbehörde für Naturschutz: Entwicklung von Hochmoorflächen nach Torfabbau, Reihe »Informationsdienst Naturschutz Niedersachsen«, Heft 3/90

9. Der Niedersächsische Minister für Ernährung, Landwirtschaft und Forsten: Niedersächsisches Moorschutzprogramm, Teil II Hannover 1986

10. Peter Arnold: Mit dem Sprungstab zu den Binsenhügeln, Hannoversche Allgemeine Zeitung vom 30.11.1991

11. Staatliches Museum für Naturkunde und Vorgeschichte Oldenburg sowie Archäologische Denkmalpflege im Bezirk Weser-Ems (Hajo Hayen, Werner Kitz, Dieter Zoller, Peter Caselitz) Reihe: Archäologische Mitteilungen aus Nordwestdeutschland, Heft 8, Oldenburg 1985 (Verlag Isensee, Oldenburg)

12. Ingo F. Walther, Rainer Metzger: Vincent van Gogh – Sämtliche Gemälde, Köln 1989 (Benedikt-Taschen-Verlag)

13. Torfforschung GmbH, Bad Zwischenahn: Moorflächen der alten Bundesrepublik Deutschland nach Bundesländern (1988)

14. Jürgen Eigner und Eckhard Schmatzler: Handbuch des Hochmoorschutzes, Greven 1991 (Kilda-Verlag)

15. Dr. Michael Succow und Dr. Lebrecht Jeschke: Moore in der Landschaft, Leipzig – Jena – Berlin 1986 (Urania-Verlag)

Ausstellungen:

Teilnahme an verschiedenen Gemeinschaftsausstellungen
Bisherige Einzelausstellungen:

1983
Galerie im Keller, Hannover

1984
Irlandschaften
Fotogalerie Bordenau und Köhlener Mühle/Hannoversches Wendland

1985
Veröffentlichung der Fotokalender »Faces of Nigeria« und »Landscapes of Nigeria«

1987
Irlandschaften II
im Zwinger zu Buxtehude im Rahmen der Jugendbuchpreisverleihung
»Buxtehuder Bulle« an die schottisch-irische Schriftstellerin Joan Lingard

»Norddeutsche Moorlandschaften«
ist das Ergebnis einer vierjährigen Arbeit mit der Mittelformatkamera

Veröffentlichung von Extrakten
hieraus im Kalender der Hannoverschen Allgemeinen Zeitung
»Niedersachsen – Lyrik einer Landschaft« für das Jahr 1991
belegte auf der Kalenderausstellung des Graphischen Bundes Hannover
in der Sektion »Fotokunst« den 1. Platz

Ausstellungen zu diesem Thema:

1990
Fotogalerie Bordenau

1990
Anzeiger-Hochhaus der Hannoverschen Allgemeinen Zeitung (Medienzentrum)

1991
Teestube Poppinga's Alte Bäckerei Greetsiel/Ostfriesland

Danksagung

Mein Dank gilt all denen, die zum Gelingen dieses Buchprojektes beigetragen haben, mir mit Rat, Kritik und wertvollen Tips zur Seite gestanden haben. Insbesondere möchte ich meinen Dank richten an:

- meine Frau für die Mithilfe bei der Projektrealisierung
- Susanne Brigsne
- Regine und Karl-Ernst Osterkamp
- Herrn Jansen, Lehrer in Oldenburg
- Annette Pfuhl
- Barnim Piechorowski
- Klaus Peter Pryswitt für seine naturkundlichen Begleitungen
- Dr. Elke Heege (ehemalige Museums- und Archäologiepädagogin am Museum für Naturkunde und Vorgeschichte in Oldenburg) für ihre archäologische Führung durch das Ipweger Moor
- Dr. Peter Steffens, Geologe am Niedersächsischen Landesamt für Bodenforschung, für seinen fachkundigen Rat
- Dipl.-Ing. Eckhard Schmatzler, Naturschützer im Niedersächsischen Landesverwaltungsamt, Fachbehörde für Naturschutz, für seine fachliche Beratung
- Karin Krampen-Kasimier, Oberstudienrätin für Deutsch und Geschichte, für ihren germanistischen Rat
- die Galeristen Ingolf Heinemann (DGPh) und Patricia Chadde von der Fotogalerie Bordenau; Thomas Bertz, Leiter der Werbung und des Verlagswesens bei der Hannoverschen Allgemeinen Zeitung und die Arbeitsgruppe Kunstausttellungen der Fremdenverkehrs-Gesellschaft Krummhörn-Greetsiel für die Ermöglichung jeweils einer Fotoausstellung zum Thema »Norddeutsche Moorlandschaften«
- Walter Thierfelder, Verlagsleiter
- Michael Kurzer, stellvertr. Verlagsleiter
- Dieter Krause, Lektor